AF311643

A Monsieur A. DANHAUSER
Inspecteur principal de l'Enseignement du Chant
dans les Écoles Communales de la Ville de Paris

1600
EXERCICES GRADUÉS

DE LECTURE MUSICALE

INTONATION — RYTHME — TONALITÉ

À L'USAGE
des Écoles Municipales, des Écoles Communales, des Écoles Normales,
Cours d'Adultes, Lycées, etc.

PAR

JULES ARNOUD

Professeur à l'École Municipale Turgot, etc.

Iᵉ PARTIE		IImᵉ PARTIE
Contenant 1000 Exercices		Contenant 600 Exercices
Pr. NET: 1 Fr. 50		Pr. NET: 1 Fr. 50

Cartonnage 0ᶠ25ᶜ en plus

PARIS
Librairie Musicale

ALPHONSE LEDUC, EDITEUR, 3, RUE DE GRAMMONT

Propriété réservée pour tous Pays
1881

A Monsieur ADOLPHE DANHAUSER

1600 EXERCICES GRADUÉS

de LECTURE MUSICALE

INTONATION, RYTHME et TONALITÉ

JULES ARNOUD

DEUXIÈME PARTIE

LECONS

dans les tons d'*Ut majeur* et de *La mineur* (Récapitulation)

Paris, ALPHONSE LEDUC, Editeur.   A.L.6418.   (Gravé chez Alphonse Leduc)

Moderato
mf
Moderato
p
Cantabile
mf
Andantino
mf

Moderato
8
mf
Allegro moderato
9
mf
Allegretto
10
mf
p
Cresc.
A.L.6418.

MESURES à $\frac{2}{4}$ $\frac{3}{4}$ $\frac{4}{4}$
avec doubles-croches

Moderato
15
p
Cre
-scen   -   -   do.   f
Moderato
16
mf
Moderato
17
f
Moderato
18
mf
f

A.L.6418.

Allegretto
19
mf
Moderato
20
mf
Allegretto
21
f
A.L. 6418.

Allegro
22
Allegro moderato
23
Allegro moderato
24
Allegro moderato
25
A.L.6418.

8
26
Allegro moderato
27
Allegro moderato
mf
f
28
Allegro moderato
f
Dim.
p
29
Allegro moderato
f
A L.6418.

MESURE à $\frac{3}{8}$

Moderato
34
Moderato
35
Moderato
36
mf
f
p
mf
A.L.6418.

MESURE à $\frac{3}{8}$

Allegro
53
Moderato
54
3
3
3
LECONS
dans les mesures à
Moderato
55 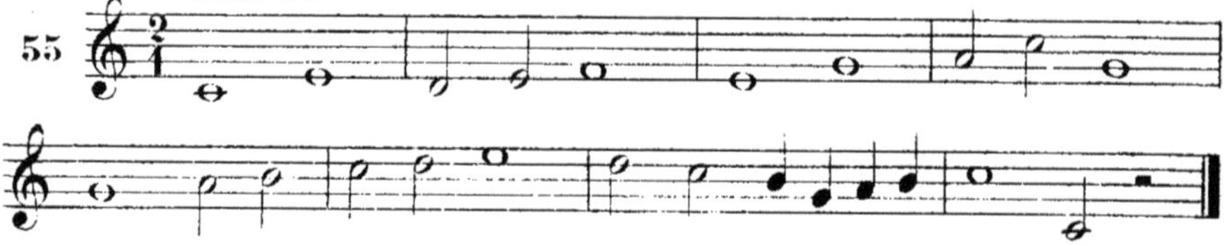
Moderato
56 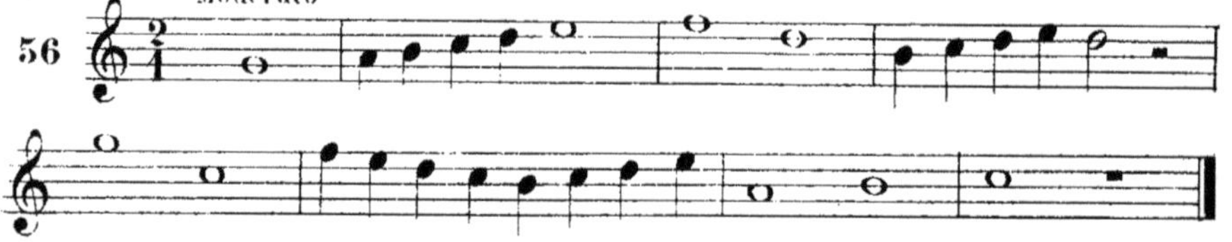
Moderato
57 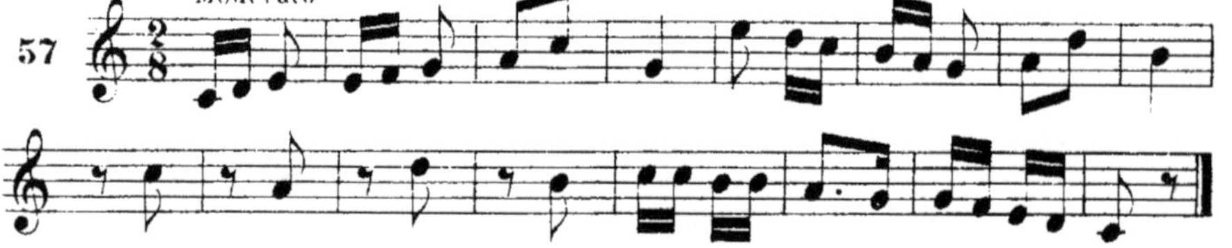
Moderato
58

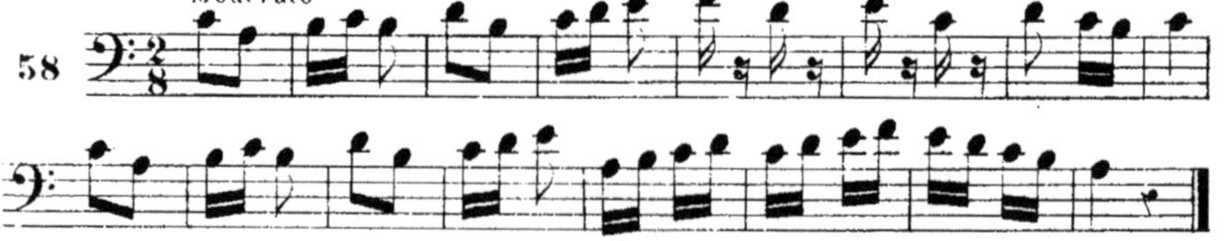

Moderato
59
Moderato
60
Moderato
61
f
Moderato
62
mf
A.L.6418.

Moderato
63
Allegro
64
f
Allegro
65
Allegro
66
FIN.

LECONS
dans le ton de *Sol majeur*

Andantino.
71
mf
Andantino.
72
mf
Andantino
73
mf
Moderato
74
mf
A. L. 6418.

Moderato
75
Dolce.
Cresc.
Dim.
p
Moderato
76
mf
FIN
p
Allegretto
77
Allegretto
78
FIN
A.L.6418.

Andantino
79
p
Cresc.
mf
Allegro
80
mf
f
Allegro
81
f

Allegretto
mf
Allegretto
p
f
Cantabile
mf
Dim.

20
85
Allegretto
mf
p
86
Allegretto
mf
87
Allegretto
FIN
A.L.6418.

Moderato
88
Moderato
89
Allegro moderato
90
f
mf
A.L.6418

LEÇONS

dans le ton de *Mi mineur*

Allegretto
94
mf
ff
ff
Cantabile
95
Dolce.
FIN
Allegretto
96
mf
Cresc.
Dim.

Allegretto
97
mf
FIN
Dim.
Allegretto
98
f
FIN
Espress.
p
Un poco Agitato
99
mf
ff

Allegretto
mf
Moderato
Moderato
mf
Espress.
Cre _ scen _ do.
f
A.L.6418.

103 Moderato

104 Moderato

105 Moderato

106 Moderato

LEÇONS

dans le ton de *Fa majeur*

Moderato
111
mf
Moderato
112
Moderato
113
Allegro
114
mf

Allegro
115
Allegro
116
mf
FIN
f
Allegro
117
Allegro
118
Moderato
119
p
A. L. 6418.

LEÇONS

dans le ton de *Ré mineur*

Moderato
124
f
Moderato
125
mf
Allegro
126
f
Moderato
127
f

LEÇONS

dans le ton de *Ré majeur*

Andantino
132
mf
Andantino
133
mf
Andantino
134
mf
Moderato
135
f

Moderato
136
f
Moderato
137
mf
Allegretto
138
f
Allegro
139
ff

A.L.6418.

Allegro
40
f
Allegro
41
f
Moderato
42
mf
Moderato
43
mf
Moderato
144
f
mf
ff

LECONS
dans le ton de *Si mineur*

A.L.6418.

Moderato
149
Moderato
150
Moderato
151
mf

LEÇONS
dans le ton de *Si* ♭ *majeur.*

A.L.6418.

Moderato
156
Moderato
157
A.I.6418.

Tempo di Marcia
158
Moderato
159
Moderato
160
Cantabile
161
A.L.6418.

162
Cantabile
p
mf
Dim.
163
Cantabile
mf

Cantabile
164
p
mf
Moderato
165
p
Allegro
166
f
Espressivo
167
p
Rit.
A.L.6418.

LEÇONS
dans le ton de *Sol mineur.*

172
Allegro
f
173
Allegro
f
174
Allegro
mf
175
Allegro
mf
176
Cantabile
p

Allegro moderato
177
mf
Allegro moderato
178
mf
Allegro moderato
179
mf
f
A.L 6418.

TON de LA MAJEUR

FORMULES PRÉPARATOIRES à l'INTONATION

LECONS

dans le ton de *La majeur.*

Allegro
204
f
Maestoso
205
mf
Moderato
206
mf
mf
f
Dim.
p
Moderato
207
mf
3
3
3

A.L.6418.

TON de FA ♯ MINEUR

FORMULES PRÉPARATOIRES à l'INTONATION

LEÇONS

dans le ton de *Fa* ♯ *mineur.*

224
Allegro moderato
mf
f
225
Allegro moderato
p
226
Moderato
Espressivo
Dolce.
mf
f

TON de MI♭ MAJEUR

FORMULES PRÉPARATOIRES à l'INTONATION

LECONS

dans le ton de *Mi ♭ mineur.*

Mouvement de Valse
237
mf
Moderato
238
Dolce.
FIN
mf
1ª
2ª
Andante
239
Espress.
Andantino
240
p
FIN
mf
Rit.
Andante
241
p Espres.
A.L.6418.

Rit.
Allegretto
242
mf
Moderato
243
mf
Moderato
244
mf
p
f
ff

245
Moderato
mf
FIN
3 3 3
Rit.
Allegretto
246
Allegretto
247

Allegretto
248
mf
Allegretto
249
mf
Allegretto
250
mf
Rit.
Moderato
251
f
mf
f
p
Cresc.
Dim.

TON d'UT MINEUR

FORMULES PRÉPARATOIRES à l'INTONATION

LECONS
dans le ton d'Ut mineur.

Moderato
270
Espress.
Allegro
271
mf
Allegro
272
f
p
mf
Allegro
273

A.L.6418

Marziale
274
f
3
3
3
3
Allegro
275
f
3
§ Moderato
276
mf
FIN
§

OBSERVATION

Lorsque l'on est arrivé à chanter avec *trois dièzes* ou *trois bémols,* on eut chanter dans tous les tons majeurs et mineurs par le moyen des tons omonymes.

On appelle *tons homonymes* deux tons dont les notes s'écrivent sur le ême degré de la portée, et qui se trouvent à distance d'un demi-ton chroatique soit supérieur soit inférieur.

EXEMPLE:

Ré majeur, Ré♭ majeur – Sol majeur, Sol♭ majeur – Ut majeur, Ut♯ majeur &

Le total des accidents entre deux tons homonymes est toujours de sept.

EXEMPLE:

Ut majeur a zéro accident à la clef et son homonyme *Ut ♯ majeur,*
a sept ♯ à la clef (total sept accidents).

Mi♭ majeur a trois ♭ à la clef et son homonyme *Mi majeur,*
a quatre ♯ à la clef (total sept accidents).

Si le ton proposé a des dièzes à la clef, son ton homonyme a des bémols, et éciproquement.

Lorsque l'on prend le *ton homonyme supérieur* tout le système des accients se trouve haussé d'un *demi-ton chromatique.*

Les ♭♭ deviennent ♭
Les ♭ deviennent ♮
Les ♮ deviennent ♯
Les ♯ deviennent x

Lorsque l'on prend le *ton homonyme inférieur* tout le système des accients se trouve abaissé d'un *demi-ton chromatique.*

Les x deviennent ♯
Les ♯ deviennent ♮
Les ♮ deviennent ♭
Les ♭ deviennent ♭♭

Ce principe des tons homonymes permet aux élèves de choisir entre les eux tons celui qui a le moins d'accidents. C'est une véritable transposition un demi-ton chromatique de distance soit supérieure soit inférieure.

LECONS
dans le ton de *Mi majeur.* [*]

(*) Chanter les exercices d'intonation du ton de Mi♭ majeur en supposant 4 ♯ à la clef.

LEÇONS
dans le ton d'Ut ♯ mineur.[*]

(*) Chanter les exercices d'intonation du ton d'Ut mineur en supposant 4 ♯ à la clef.

A.L.6418.

Andante
285
mf
Allegro moderato
286
f
3 3 3 3 3 3
Moderato
287
mf
Moderato
288
mf

(*) Chanter les exercices du ton de La majeur en supposant 4 ♭ à la clef.

LECONS
dans le ton de *Fa mineur.*

(*) Chanter les exercices d'intonations dans le ton de Fa ♯ mineur en supposant 4 ♭ à la clef.

A.L.6418.

297
Moderato
p
mf
298
Moderato
mf
3
299
Allegretto
mf
f
300
Moderato
mf
Cresc.
f
A.L.6418.

DOUBLE-TRIOLET

EXERCICES PRÉPARATOIRES

MESURE à $\frac{2}{4}$

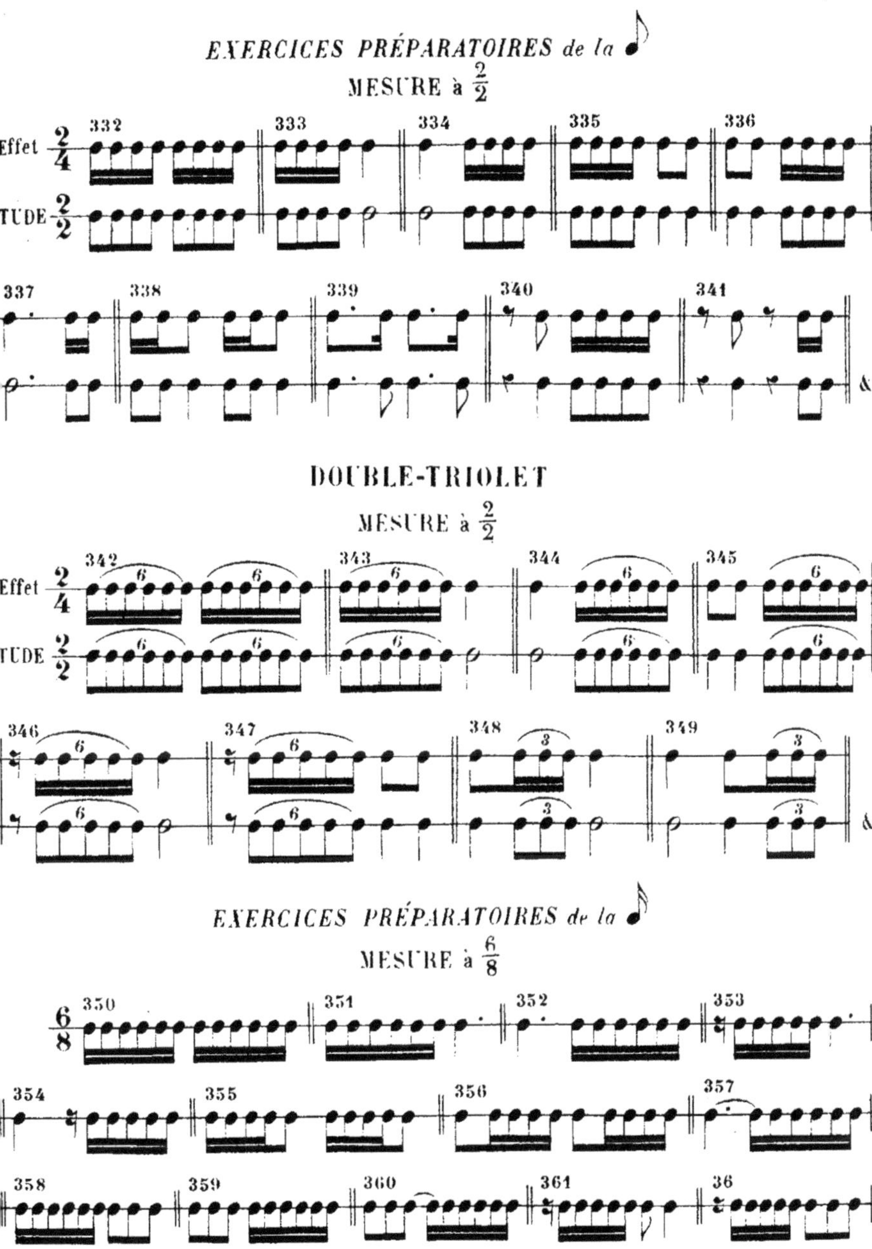
EXERCICES PRÉPARATOIRES de la ♪
MESURE à 2/2
Effet 2/4
TUDE 2/2
332 333 334 335 336
337 338 339 340 341
DOUBLE-TRIOLET
MESURE à 2/2
Effet 2/4
TUDE 2/2
342 343 344 345
346 347 348 349
EXERCICES PRÉPARATOIRES de la ♪
MESURE à 6/8
6/8
350 351 352 353
354 355 356 357
358 359 360 361 36
363 364 365 366 367

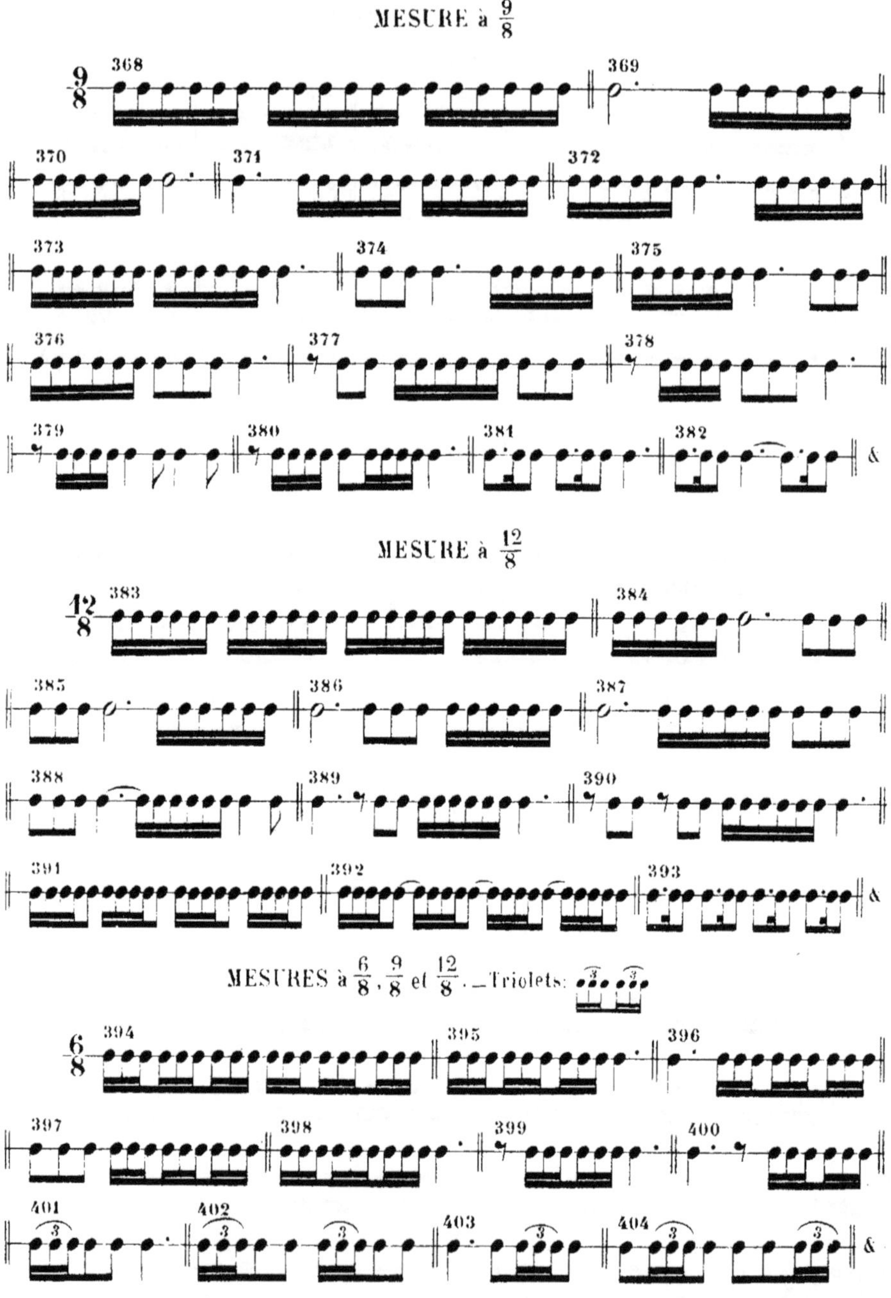
MESURE à 9/8
368 369 370 371 372 373 374 375 376 377 378 379 380 381 382
MESURE à 12/8
383 384 385 386 387 388 389 390 391 392 393
MESURES à 6/8, 9/8 et 12/8. — Triolets:
394 395 396 397 398 399 400 401 402 403 404

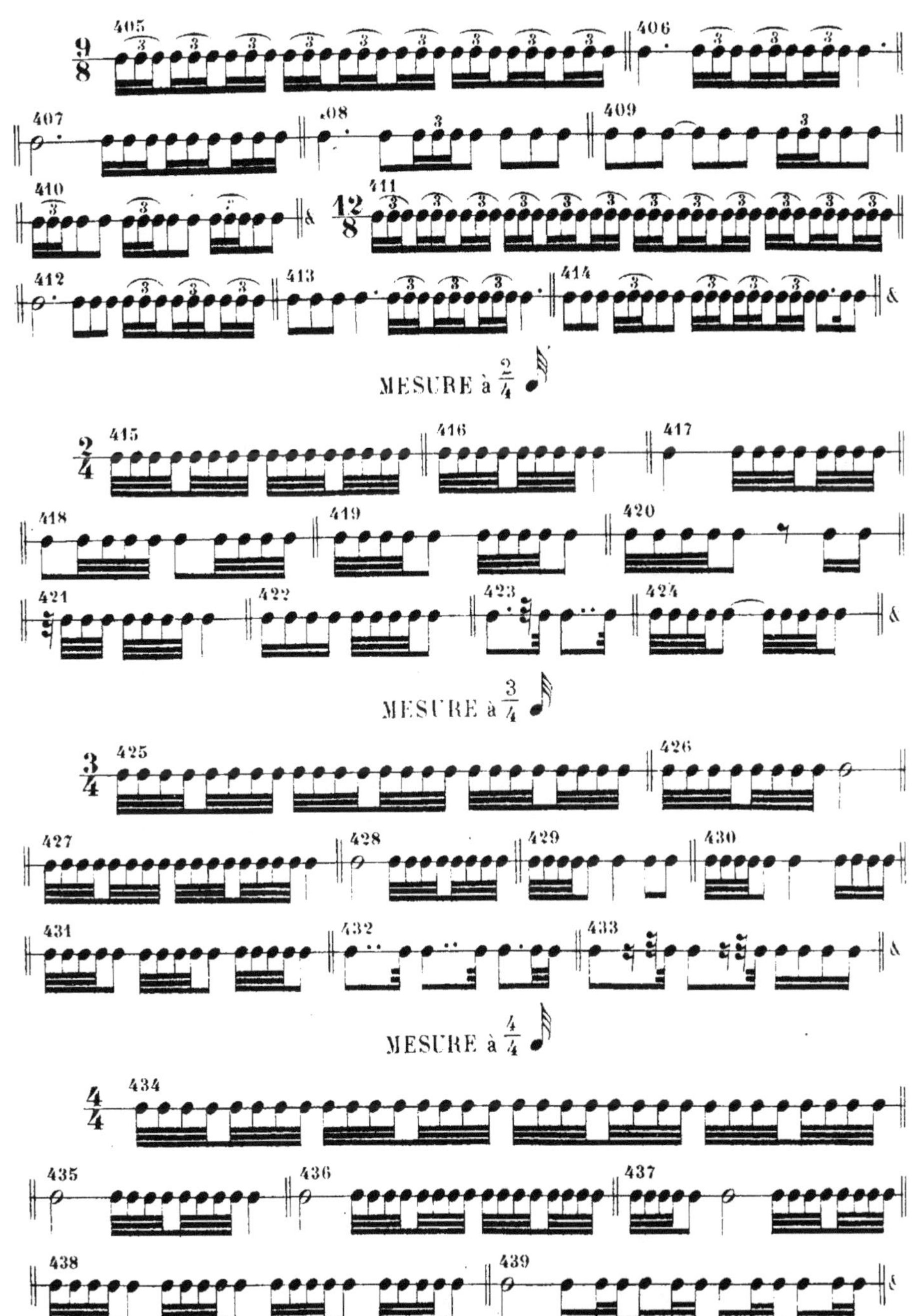
MESURE à 2/4
MESURE à 3/4
MESURE à 4/4

LEÇONS DANS DIFFÉRENTS RYTHMES

Double-triolet de ♩ , ♪ , Triples-croches, Point d'orgue, Point d'arrêt.

Allegretto
443
Allegretto
444
mf
Moderato
445
mf
f
Rall.

Moderato
446
Moderato
447
Moderato
448

Moderato
449
f
Moderato
450
p
3
Adagio
451
f
Rall.
Allegretto
mf
Rit.
mf
A.L.6418.

Cantabile
452
mf
Cantabile
453
mf
Moderato
454
mf
Moderato
455
mf
A.L.6418.

456 Cantabile
mf
mf
6
457 Moderato
mf
3
458 Moderato
mf
3
3
6
Cresc.
f
459
mf
A.L.6418.

Moderato
460
mf
Moderato
461
f
ff
Andantino
462
mf
Cresc.

63
Andantino
64
Andantino
mf
FIN
Rit.
65
Andantino
Dolce.
mf
f
f
Rit.   pp
A.L.6418.

466
p
3 3
3
mf
3 3 3
3
3 3 3
3 3 3 3 3 3
3 3 3
Rit.
Cresc.
Cantabile
467
Dolce.
Rit.

Moderato
68
mf
Rit.
Moderato
69
f
f
Moderato
70

LEÇONS

dans le ton de *Si majeur*.

A.L.6418.

474
Cantabile
mf
p
Cresc.
f
p
475
Moderato
p
476
Allegretto
f
477
Marziale
f
A.L.6418.

478

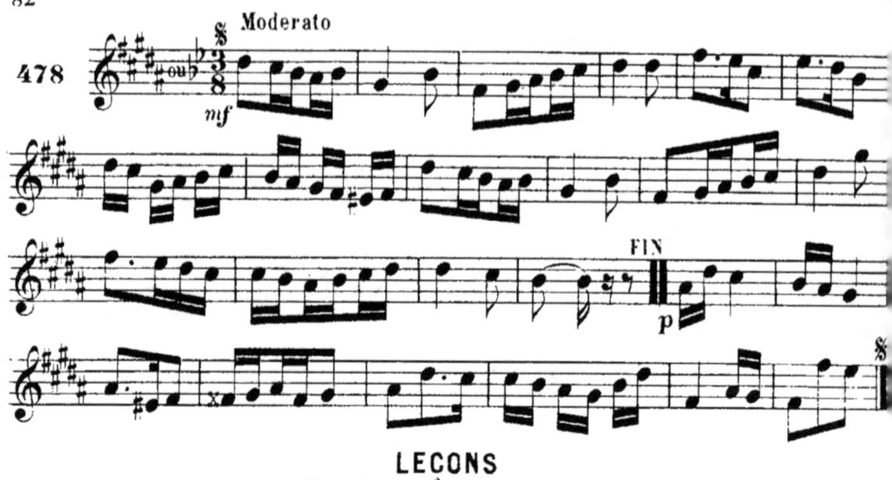

LECONS

dans le ton de *Sol* ♯ *mineur.*

479

480

Moderato
81
p
Moderato
82
p
Allegretto
83
mf
f
p
f
p
pp
Cresc.
A.L.6418.

LEÇONS
dans le ton de *Ré♭ majeur*.

Allegro moderato
p
Cresc.
mf
Allegro moderato
mf
p
Cresc.
3 3 3
Moderato
f
A.L.6418.

491
Moderato
f
mf
492
Moderato
f
f
3
493
Moderato
f
mf
Cresc.
p
f
A.L.6418.

LECONS

dans le ton de *Si* ♭ *mineur.*

LECONS
dans le ton de *Fa♯ majeur.*

A.L.6448.

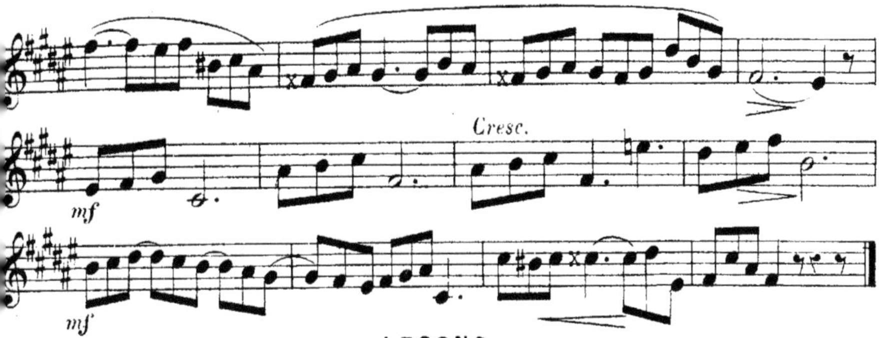
Cresc.
mf
mf

LEÇONS
dans le ton de *Ré* ♯ *mineur.*

502
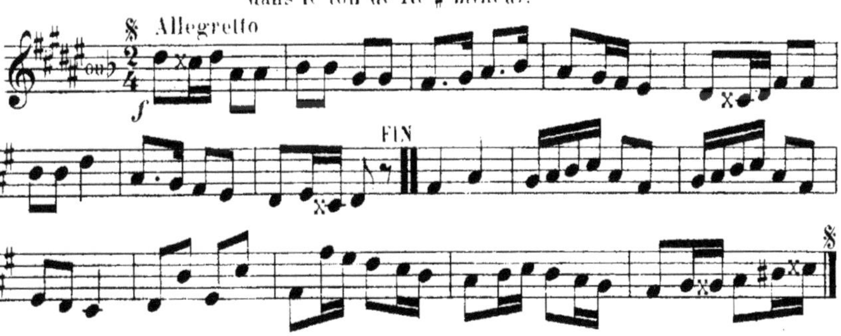
Allegretto
ou ♭
f
FIN

503
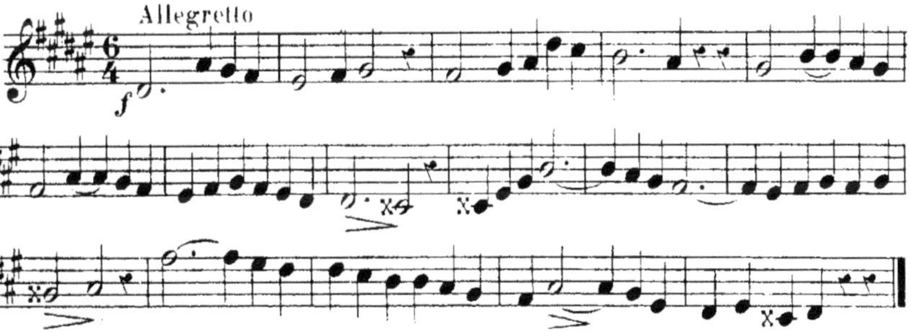
Allegretto
f

504
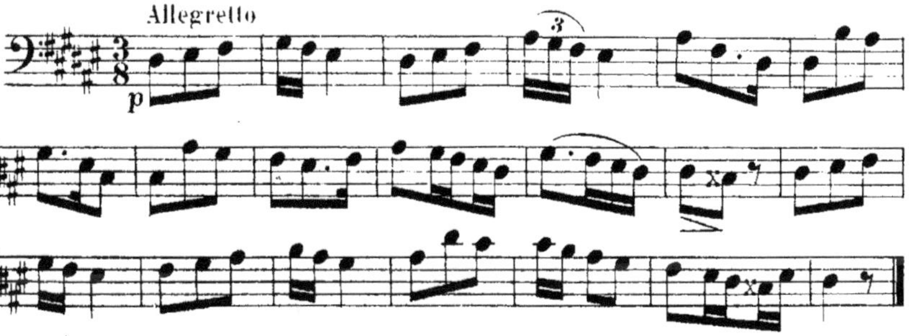
Allegretto
p
3

LEÇONS
dans le ton de *Sol* ♭ *majeur.*

Allegro
509
mf
p
3
3
3
3
Allegro moderato
510
p
p
Allegro moderato
511
f
3
3
3
3
p

LEÇONS
dans le ton de *Mi* ♭ *mineur*.

LEÇONS
dans le ton d'*Ut* ♯ *majeur.*

LEÇONS

dans le ton de *La ♯ mineur.*

520

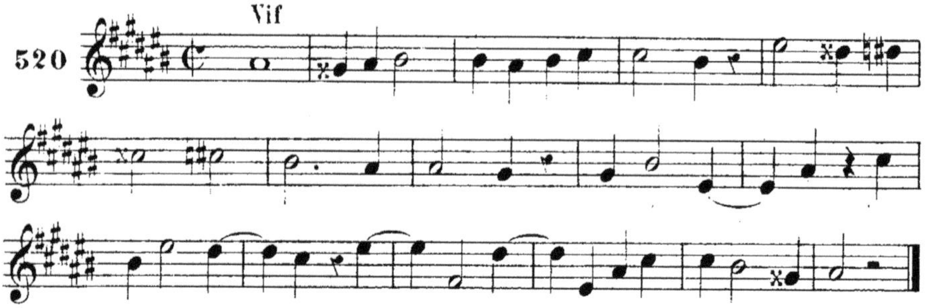

521

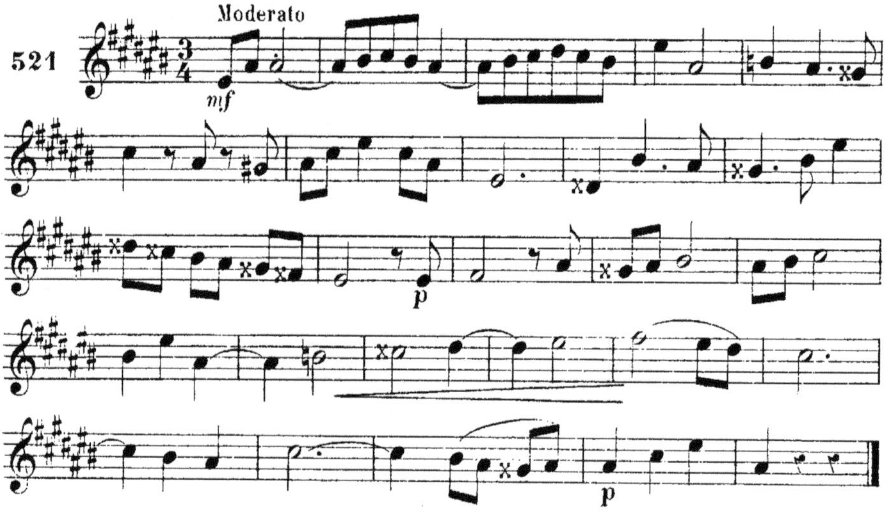

LEÇONS

dans le ton d'*Ut ♭ majeur.*

522

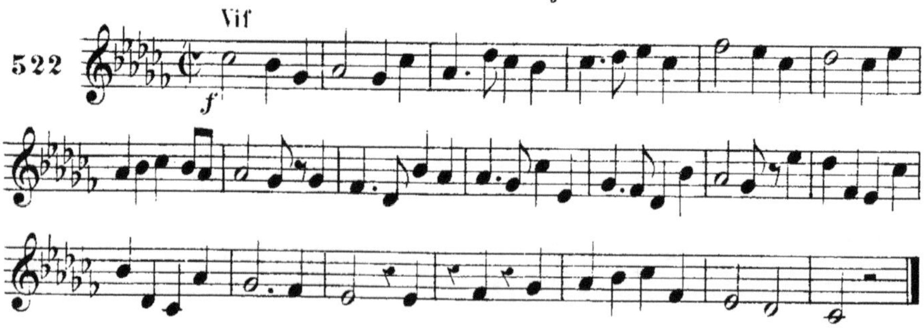

Allegretto
523
mf
Moderato
524
mf
Moderato
525
p
A.L.6418.

Andantino
526
f
Cresc.
p
f
LECONS
dans le ton de La b mineur.
Vif
527
f
Presto
528
Moderato
529
mf

LEÇONS SUR L'ENHARMONIE

LEÇONS

sur les *Notes d'Agréments* les *Appoggiatures* et les *Grupetto*.

LEÇONS

sur la clef d'*Ut 1re ligne*.

LEÇONS

sur la clef d'*Ut* 2me *ligne*.

LEÇONS
sur la clef d'Ut 3ᵐᵉ ligne.

LEÇONS
sur la clef d'*Ut* 4me ligne.

LECONS
sur la clef de *Fa 3me ligne*.

NOTA.— Pour l'étude de la clef de fa 4me ligne, voir les leçons précédentes.

A.L. 6418.

LEÇONS A CHANGEMENTS DE CLEFS

sur la clef de *Sol* et sur la clef de *Fa* 4e ligne

sur toutes les clefs.

A.L.6418.

TRANSPOSITION PAR LE MOYEN DES CLEFS

569

TRANSPOSITIONS PAR LE MOYEN DES INTERVALLES

570

NOTA. Les petites croix indiquent les modifications que subissent les accidents dans la transposition.

LEÇONS À DEUX VOIX ÉGALES

573

574

A.L. 6418.

Andantino
575
f
f
576
Allegretto
CANON
A.L. 6418.

Andantino
577
mf
mf
mf
mf
Dim.
p
Allegro
578
f
f

Moderato
579
mf
mf
Moderato
580
Canon à la 2de
f
f
f.f

Moderato
581
FUGATO
f
f
Allegretto
582
CANON
f
f

Allegro moderato
583
mf
mf
FIN
mf
mf
A.L.6418.

Moderato
584
mf
mf
CANON
A
B
585
Vif
586
Canon à la 6te
f
f

Allegretto
587
Allegro
588
CANON

Moderato
589
Moderato
590
A.L.6418.

Allegretto
591
p
p
f
f
p
p
CANON   Moderato
592

Moderato
593
Cou2
FUGATO
Cou2
f
CANON
A
B
594

Moderato
595
p
CANON
Andantino
596
CANON
Rit.
Rit.
Andantino
597
mf
mf

A.L.6418.

Allegro
598
FUGATO.
599
Allegretto   Imitations canoniques à la 2de

A.L.6418.

Andantino
600
mf
mf
FIN de la IIme PARTIE
A.L.6418.
Paris, Imp A Chaimbaud et Cie

TABLE DES MATIÈRES

Leçons dans les *Tons* d'*Ut majeur* et de *La mineur* (Récapitulation). ... 1

Leçons sur les mesures à $\frac{6}{8}$ $\frac{9}{8}$ et $\frac{12}{8}$ 1

Leçons avec des *doubles-croches* . mesures à $\frac{2}{4}$ $\frac{3}{4}$ et $\frac{4}{4}$ 4

Leçons sur la mesure à $\frac{3}{8}$ ... 9

MESURE à $\frac{3}{8}$

TRIPLES-CROCHES et TRIOLET de DOUBLES-CROCHES

Exercices de Rythme ... 11

Leçons ... 11

Leçons sur les mesures à $\frac{2}{1}$ $\frac{2}{8}$ $\frac{3}{1}$ $\frac{3}{2}$ $\frac{4}{1}$ $\frac{4}{2}$ et $\frac{4}{8}$ ... 12

TON de SOL MAJEUR

Leçons ... 15

TON de MI MINEUR

Leçons ... 22

TON de FA MAJEUR

Leçons ... 27

TON de RÉ MINEUR

Leçons ... 30

TON de RÉ MAJEUR

Leçons ... 32

TON de SI MINEUR

Leçons ... 36

TON de SI ♭ MAJEUR

Leçons ... 38

TON de SOL MINEUR

Leçons ... 43

TON de LA MAJEUR

Formules préparatoires à l'Intonation. 46

Leçons ... 46

TON de FA ♯ MINEUR

Formules préparatoires. ... 49

Leçons ... 49

TON de MI ♭ MAJEUR

Formules préparatoires. ... 51

Leçons ... 51

TON d'UT MINEUR

Formules préparatoires. ... 56

Leçons ... 56

Observation sur les *tons homonymes.* ... 59

TON de MI MAJEUR

Leçons ... 60

TON d'UT ♯ MINEUR

Leçons ... 61

TON de LA ♭ MAJEUR

Leçons ... 63

TON de FA MINEUR

Leçons ... 64

Pages

DOUBLE TRIOLET

Exercices de Rythme, mesures à $\frac{2}{4}$ $\frac{3}{4}$ et $\frac{4}{4}$ 66

Exercices préparatoires de la ♪ dans la mesure à $\frac{2}{2}$ 67

Double Triolet, mesure à $\frac{2}{2}$ 67

Exercices de Rythme sur la *double-croche*, mesure à $\frac{6}{8}$ 67

Exercices de Rythme, mesures à $\frac{9}{8}$ et $\frac{12}{8}$ 68

Exercices de Rythme, sur les Triolets de doubles-croches dans les mesures à $\frac{6}{8}$ $\frac{9}{8}$ et $\frac{12}{8}$ 68

TRIPLES-CROCHES

Exercices de Rythme, mesures à $\frac{2}{4}$ $\frac{3}{4}$ et $\frac{4}{4}$ 69

Leçons dans *différents rythmes*, double-triolet de ♩ de ♪ Triples-croches, Point d'Orgue, Point d'Arrêt, Changements de tons, Changements de mesures 70

TON de SI MAJEUR
Leçons 80

TON de SOL ♯ MINEUR
Leçons 82

TON de RÉ ♭ MAJEUR
Leçons 84

TON de SI ♭ MINEUR
Leçons 87

TON de FA ♯ MAJEUR
Leçons 88

TON de RÉ ♯ MINEUR
Leçons 89

TON de SOL ♭ MAJEUR
Leçons 90

Pages

TON de MI ♭ MINEUR
Leçons 92

TON d'UT ♯ MAJEUR
Leçons 93

TON de LA ♯ MINEUR
Leçons 94

TON d'UT ♭ MAJEUR
Leçons 94

TON de LA ♭ MINEUR
Leçons 96

ENHARMONIE

Leçons 97

NOTES d'AGRÉMENTS, APPOGGIATURES, GRUPETTO.
Leçons 98

CLEF d'UT sur la 1ʳᵉ LIGNE
Leçons 99

CLEF d'UT sur la 2ᵐᵉ LIGNE
Leçons 100

CLEF d'UT sur la 3ᵐᵉ LIGNE
Leçons 101

CLEF d'UT sur la 4ᵐᵉ LIGNE
Leçons 102

CLEF de FA sur la 3ᵐᵉ LIGNE
Leçons 103

Leçons à changements de clefs, sur la clef de *Sol* et sur la clef de *Fa* 4ᵐᵉ ligne 104
   sur les deux clefs de Fa 104
   sur les quatre clefs d'Ut . . . 104
   sur toutes les clefs 105

TRANSPOSITION

Par le moyen des clefs 106
Par le moyen des intervalles . . . 106

LEÇONS à DEUX VOIX ÉGALES . 107

[cachet de bibliothèque]